LES

QUESTIONS D'ÉTAT

DEVANT LES COURS D'APPEL

PAR

M. BALLEYDIER

PROFESSEUR A LA FACULTÉ DE DROIT DE GRENOBLE

GRENOBLE

IMPRIMERIE F. ALLIER PÈRE ET FILS

Cours Saint-André, 26

—

1893

Extrait des *Annales de l'Enseignement supérieur de Grenoble*, tome IV, n° 3.

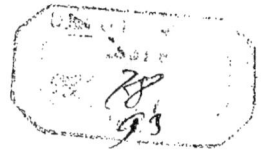

LES

QUESTIONS D'ÉTAT

DEVANT LES COURS D'APPEL

PAR

M. BALLEYDIER

PROFESSEUR A LA FACULTÉ DE DROIT DE GRENOBLE

GRENOBLE

IMPRIMERIE F. ALLIER PÈRE ET FILS

Cours Saint-André, 26

1893

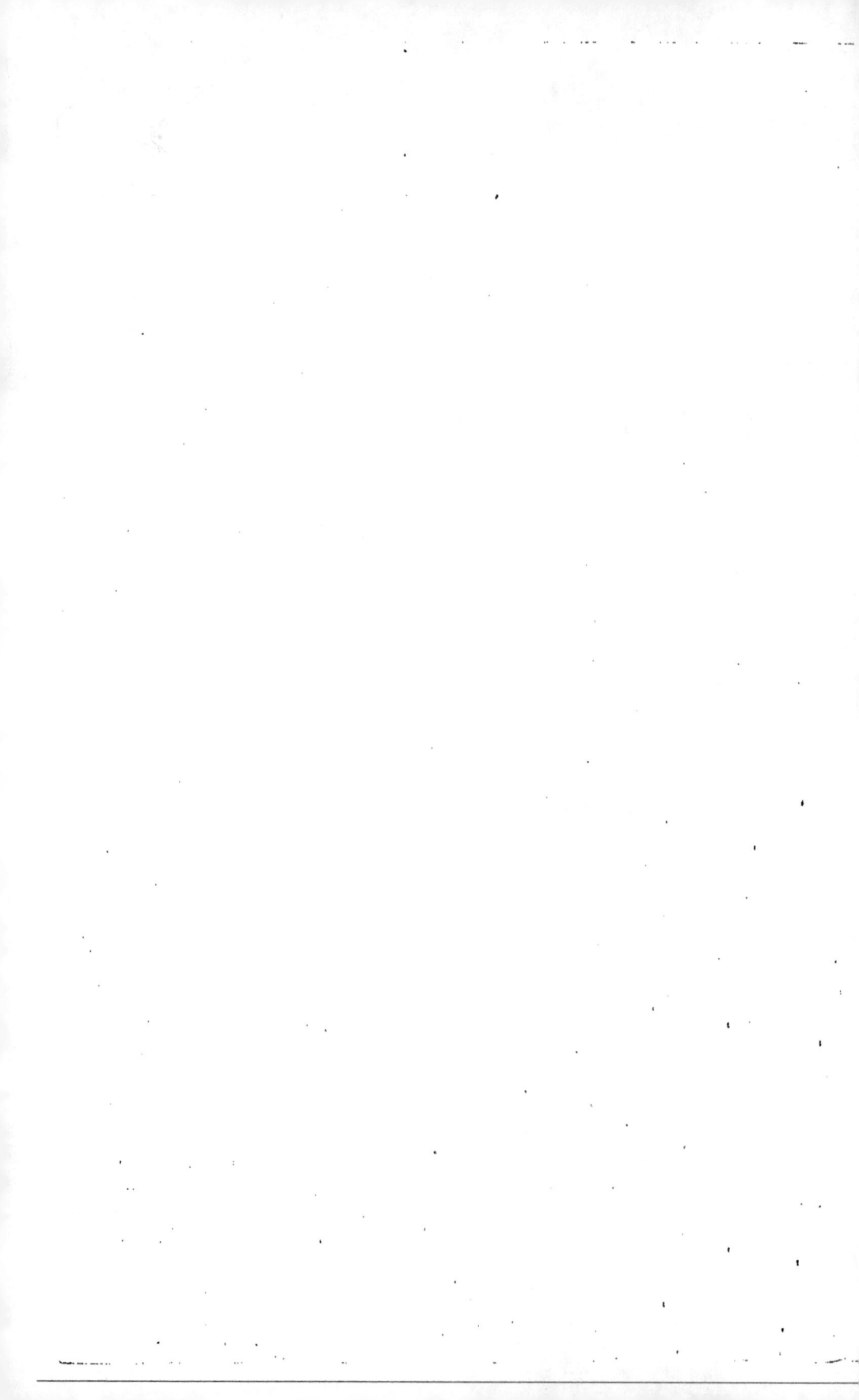

LES QUESTIONS D'ÉTAT

DEVANT LES COURS D'APPEL

L'état des personnes, qui assigne à chacun la place qu'il doit occuper dans la société, est considéré par le législateur comme le plus précieux des biens, et sa préoccupation constante est d'en assurer la conservation, l'inviolabilité, la fixité. Nul ne peut disposer de son état, l'échanger contre un autre, ni le modifier par un acte de sa volonté ou par une convention, et diverses précautions sont prises pour empêcher d'éluder cette règle essentielle (art. 200, cod. civ., 83, 2°, 1004, cod. proc. civ.), tellement évidente aux yeux du législateur, qu'il a jugé inutile de la formuler nulle part.

L'importance particulière de l'état des personnes nous est encore attestée par ce fait que les procès qui s'y rapportent sont soumis en cause d'appel à une juridiction spéciale, investie d'une autorité morale considérable, et entourée d'un apparat propre à rehausser l'impression dont elle frappe l'esprit des justiciables. On sait en effet qu'aux termes de l'art. 22 du décret du 30 mars 1808, les contestations sur l'état civil des citoyens, ainsi que quelques autres affaires, doivent être jugées par les Cours d'appel siégeant en audience solennelle, c'est-à-dire en robes rouges (Arr. 2 niv. an XI, art. 2 ; Décr. 6 janv. 1811, art. 2 ; Ord. 25 déc. 1822, art. 1er), et au nombre de neuf magistrats au moins, alors que, pour les audiences ordinaires, cinq suffisent. (L. 30 août 1883, art. 1 et 2 ; V. pour la législation antérieure, Déc. 30 mars 1808, art. 22, § 3, Déc. 6 juill. 1810, art. 7 ; Ord. 24 sept. 1828, art. 3).

On ne peut que rendre hommage à la pensée qui a dicté cette disposition. Elle montre qu'aux yeux de son auteur les liens de famille et de nationalité, avec les traditions et les sentiments d'honneur, d'affection et de patriotisme qui s'y rattachent, sont bien au-dessus des misérables intérêts pécuniaires. C'est là assurément une conception noble, élevée. Mais ce n'est pas assez pour une disposition qui touche à la fois à l'organisation judiciaire et à la procédure, de puiser si haut son inspiration. Elle doit aussi et surtout être compatible avec une marche régulière du corps judiciaire qu'elle concerne. Elle doit assurer aux parties une bonne justice, à la fois sûre, prompte et économique. L'institution des audiences solennelles, en matière de questions d'état, remplit-elle ces conditions ? C'est ce que nous voudrions examiner ici, en étudiant son fonctionnement et en essayant de nous rendre compte des difficultés qu'il peut présenter.

I

La détermination du sens de ces expressions, « contestations sur l'état civil des citoyens », n'a jamais soulevé de débats importants. On est d'accord pour comprendre sous cette dénomination non seulement les questions de filiation, mais toutes celles qui touchent à l'état des personnes [1] et même à la nationalité [2]. Et si l'on peut relever, quant à l'application de ce principe, quelques hésitations, quelques contradictions même dans les arrêts, ce sont là questions de détail qui ne méritent pas de nous arrêter.

Nous remarquons encore, sans y insister davantage, que certaines affaires relatives à l'état des personnes sont soustraites par la loi elle-même à la juridiction de l'audience solennelle.

Ce sont les demandes en séparation de corps (Ord. 16 mai 1835),

---

[1] V. Garsonnet, *Traité de Procédure*, t. Ier, p. 151, et les arrêts cités dans le *Répert. génér. alphab. du Droit franç.*, v° *Aud. solenn.*, nᵒˢ 85 et s.

[2] Cass., 9 déc. 1878, Sir., 79, 1, 294. – Aubry et Rau, *Cours de Droit civil français*, t. Ier, § 52, p. 177. — Bonfils, *Traité de Proc.*, n° 421, 3°. — Glasson sur Boitard, *Leçons de Procéd. civ.*, t. Ier, § 42.

et en divorce (Décr. 3o av. 1885, art. 248 nouveau, cod. civ.), les
contestations qui doivent être décidées à bref délai, telles que les
demandes en main levée d'opposition à mariage (art. 178, cod. civ.),
enfin celles qui doivent être décidées avec des formes particulières
qui ne comportent pas une instruction solennelle (art. 22, déc.
3o mars 1808). Il est assez difficile de discerner ce que la loi désigne
par cette dernière phrase. A part l'obscurité qu'elle présente, les
exceptions ne sont pas d'une application plus difficile que le principe
auquel elles dérogent.

Mais l'expérience a révélé, dans la pratique des audiences solennelles, une complication que le législateur n'avait pas prévue. Il arrive fréquemment que les questions d'état ne se présentent pas seules
devant les tribunaux, et qu'elles se trouvent mêlées à d'autres contestations, soit parce qu'elles sont formées concurremment avec elles,
soit parce qu'elles surgissent au cours de procès relatifs à des intérêts
pécuniaires, ou qu'au contraire, à une pure question d'état, viennent
ultérieurement se mêler des préoccupations et des débats d'un ordre
différent. Ce sera, par exemple, une contestation d'état jointe, dès
le principe ou après coup, à une pétition d'hérédité, ou bien, à l'inverse, une demande de pension alimentaire formée au cours d'une
instance en réclamation d'état. Comment la Cour devra-t-elle
procéder ?

Lorsque la demande porte dès le principe sur deux chefs, relatifs
l'un à une question d'état, l'autre à un objet différent, la marche à
suivre est toute tracée. La première affaire devra être portée devant la
Cour siégeant en audience solennelle, la seconde devant la Cour siégeant en audience ordinaire. Si les deux affaires ont été portées à
l'audience solennelle, ou à l'audience ordinaire, la Cour prononcera
la disjonction et renverra chaque question à l'audience où elle doit
être jugée [1].

On peut se demander seulement si elle n'aurait pas le droit de procéder différemment lorsque les deux affaires sont connexes. On sait,
en effet, que lorsque deux affaires connexes sont portées devant deux
tribunaux différents, l'un d'eux peut, sur l'exception de connexité

---

[1] Toulouse, 13 mars 1845, Sir., 45, 2, 416 ; Alger, 12 nov. 1866, Sir.
67, 2, 152.

soulevée par le défendeur, et même d'office, suivant quelques-uns[1], se dessaisir afin que l'autre tribunal connaisse seul et simultanément des deux affaires connexes (art. 171, cod. proc. civ.). Cela revient à dire que ce dernier tribunal devient, par l'effet de la connexité, compétent pour une affaire, dont, sans cela, il n'aurait pu connaître. A plus forte raison, lorsqu'un tribunal est saisi d'emblée de deux affaires connexes, dont l'une relève de sa compétence et l'autre non, peut-il, s'il le juge à propos, les retenir l'une et l'autre. A quoi bon, en effet, obliger le demandeur à porter ces deux demandes devant deux tribunaux différents, pour faire surgir devant l'un d'eux l'exception de connexité, et ramener ainsi les deux affaires devant les mêmes juges? Ne vaut-il pas mieux éviter cette involution de procédure, et saisir immédiatement le même tribunal des deux demandes, sauf à celui-ci à se déclarer incompétent pour l'une d'elles, s'il estime que la connexité a été invoquée à tort[2]?

Cette théorie sur les effets de la connexité ne doit être admise toutefois que sous réserve d'une distinction importante, qui découle de principes bien connus en matière d'exceptions déclinatoires. Si l'on se rappelle que l'incompétence, à raison de la matière, peut être proposée en tout état de cause (art. 170, cod. proc. civ.), alors que l'exception de litispendance ou de connexité doit être opposée *in limine litis* (art. 424, § 2, cod. proc. civ.), on se convaincra facilement que la première est d'ordre public, tandis que l'attribution au même tribunal de deux demandes connexes ne présente pas le même caractère : c'est affaire d'intérêt purement privé[3].

---

[1] Comp. Cass., 30 nov. 1852, Sir., 54, 1, 21.

[2] Cass., 8 av. 1807, Sir. chr.; 30 av. 1828, Sir. chr. ; 25 av. 1849, Sir., 49, 1, 392 ; 17 fév. 1868, Dall., 68, 1, 279 ; Angers, 20 juin 1860, Dall., 60, 2, 206 ; Carré et Chauveau, *Lois de la Proc.*, t, II, quest. 729 ; Bioche, *Dict. de Proc.*, v⁰ *Exception*, n° 111 ; Comp. Garsonnet, t. I, p. 757, n. 16 ; Bonfils, n° 995.

[3] Ces propositions sont fortement contestées, au moins pour le cas de litispendance (Carré, t. II, quest. 732 ; Boncenne, *Théorie de la Procéd ;* t. III, pp. 249 et s.; Boitard, Colmet d'Aage et Glasson, t. I⁰ʳ, n 359 et 651 ; Rodière, *Traité de compét. et de procéd.*, t. I⁰ʳ, p. 332 ; Bonfils, n° 997). Dans cette hypothèse, en effet, c'est-à-dire lorsque la même affaire est portée devant deux tribunaux différents, si tous deux restent saisis, il est toujours à craindre qu'on

Lorsque les deux principes se trouvent en conflit, c'est celui que la loi considère comme intéressant l'ordre public qui doit l'emporter, ce qui revient à dire que l'incompétence *ratione materiæ* fait obstacle à l'application des règles sur la connexité, qu'un tribunal ne pourra jamais retenir, pour cause de connexité, une affaire à l'égard de laquelle il est incompétent *ratione materiæ*[1]. Si la thèse contraire paraît avoir prévalu dans les décisions qui ont permis aux tribunaux de première instance de juger les affaires commerciales ou de justice de paix connexes à celles de leur compétence[2], ce n'est qu'une simple apparence. Ces arrêts sont une des conséquences logiques de la plénitude de juridiction reconnue par la jurisprudence aux tribunaux de première instance, et qui, telle qu'elle la conçoit, signifie en

---

aboutisse à deux jugements complètement contradictoires. On peut donc soutenir qu'il y a un intérêt d'ordre public à ce que l'un des deux tribunaux se dessaisisse. Il y a là une considération d'une gravité incontestable, et nous comprenons qu'elle ait frappé certains esprits, quoiqu'elle ne nous paraisse pas suffisante pour balancer la disposition formelle de l'art. 424, § 2. Mais quelle que soit la valeur de cet argument, il perd beaucoup de sa force (et c'est ce que n'ont pas assez remarqué les auteurs qui le mettent en avant) en ce qui concerne la connexité, puisque, entre affaires connexes, il n'y a pas identité, mais seulement un lien plus ou moins étroit qui peut causer non pas une contradiction absolue, mais seulement une contrariété plus ou moins accusée. C'est en vain aussi qu'on a cherché à démontrer que la règle de l'art. 424, § 2, constitue une dérogation au droit commun, propre aux tribunaux de commerce. On n'a pas réussi à trouver des raisons satisfaisantes pour expliquer cette prétendue différence entre les tribunaux civils et les tribunaux de commerce. Comment concevoir, dit très bien M. Garsonnet, que ce qui est d'ordre privé en matière commerciale soit d'ordre public en matière civile ? — La jurisprudence est fixée en ce sens que même l'exception de litispendance n'est pas un moyen d'ordre public (Cass., 14 oct. 1806, Sir. chr.; 27 av. 1837, Sir., 37, 1, 711; 23 déc. 1840, Sir., 41, 1, 253; 18 juill. 1859, Sir., 60, 1, 779. — *Contrà*, Montpellier, 30 août 1851, Sir., 52, 2, 123). A plus forte raison déciderait-elle de même pour l'exception de connexité. En ce sens, Merlin, *Rép.*, v° *Comptes*, § III, Bioche, v° *Exception*, n° 125, Garsonnet, t. I, p. 758.

[1] Cass., 28 mai 1811, Dall., Rép., v° *Comp. commerc.*, n° 350, Metz, 22 juin 1819, Bruxelles, 25 oct. 1835, Dall., Rép., v° *Compét. civ. des trib. d'arr.*, n°ˢ 269 et 270. Bastia, 3 juill. 1862, Sir., 62, 2, 532.

[2] Cass., 23 mars 1864, Sir., 64, 1, 224; 24 av. 1866, Sir., 66, 1, 285; 13 janv. 1869, Sir., 69, 1, 108; 28 juill. 1873, Sir., 73, 1, 449; Paris, 8 août 1807, Sir., chr.; Bastia, 18 janv. 1856, Sir., 56, 2, 213; Bourges, 26 déc. 1871, Dall., 72, 5, 106; Pau, 4 mars 1873, Dall. 75, 2, 221.

somme que les tribunaux de première instance ne sont jamais incompétents *ratione materiæ* pour les affaires attribuées par la loi aux tribunaux d'exception [1]. On peut donc poser cette maxime que les tribunaux ne doivent retenir à leur barre, pour cause de connexité, que les affaires pour lesquelles ils sont incompétents seulement *ratione personæ*.

Pour résoudre la question que nous avons formulée et savoir si une chambre de la Cour siégeant en audience ordinaire peut juger une question d'état connexe à l'affaire ordinaire dont elle est régulièrement saisie, ou à l'inverse si la Cour, siégeant en audience solennelle pour une question d'état peut retenir une affaire ordinaire connexe, on pourrait se demander si la Cour siégeant en audience ordinaire est incompétente *ratione materiæ* ou seulement *ratione personæ* pour les affaires de l'audience solennelle et réciproquement. Et si l'on tranchait, comme on le fait généralement [2], la question dans le premier sens, on devrait en conclure qu'il n'y a pas ici d'extension possible de la compétence pour cause de connexité.

Mais, à notre avis, la question serait mal posée dans ces termes. Ce n'est pas, à proprement parler, d'incompétence qu'il s'agit ici, attendu qu'il n'y a pas deux juridictions entre lesquelles puisse s'élever un débat sur la compétence; la Cour ne forme pas deux tribunaux distincts, suivant qu'elle siège en audience solennelle ou en audience ordinaire. Il n'y a qu'un corps judiciaire en jeu, la Cour d'appel, qui est toujours compétente pour tous les appels qui relèvent de sa juridiction. Seulement sa composition, quant au nombre des magistrats qui doivent siéger, varie selon la nature de l'affaire qui lui est

---

[1] V. Poitiers, 20 juin 1883, Dall., 84, 2, 128.

[2] V. pour l'incompétence de la Cour en audience ordinaire : Cass., 24 août 1835, Sir., 35, 1, 587 ; 14 mars 1836, Sir., 36, 1, 170 ; Rivoire, *Traité de l'appel*, n 357, Garsonnet, t I, p. 649 ; Bonfils, n° 422 ; Mourlon et Naquet, *Répét. écr. sur le Cod. de procéd.*, n. 238, p. 221 ; Crépon, *Traité de l'appel en mat civ.*, n° 3683 ; et pour l'incompétence de la Cour en audience solennelle : Cass., 10 nov. 1830, Sir. chr., 28 déc. 1830, Sir., 31, 1, 345 ; 14 mars 1864, Sir , 64, 1, 123 ; 6 nov. 1883, Sir., 84, 1, 105 ; Dijon, 7 janv. 1831, Sir., 31, 2, 270 ; Toulouse, 13 juin 1874, Sir., 74, 2, 287 ; Garsonnet, *loc. cit.*; Bonfils, *loc. cit.*; Crépon, n° 3682. — En sens contraire pour le dernier cas : Cass., 15 mars 1826, Sir. chr., 19 juill. 1827; Pal. chr.; Mourlon et Naquet, *loc. cit.*; Comp. Rodière, t. II, p. 125, n. 2.

soumise. C'est là la seule différence essentielle entre l'audience ordinaire et l'audience solennelle. A la vérité, il est d'usage, il est même
prescrit par les règlements que l'audience solennelle soit tenue en
robes rouges ; mais personne n'aura la pensée puérile de subordonner la validité d'un arrêt à la couleur du costume porté par les magistrats qui l'ont rendu[1]. D'autre part, il n'est pas nécessaire, puisqu'aucune loi ne l'exige, que l'arrêt fasse mention qu'il a été rendu en
audience solennelle.[2] : il suffit qu'il constate la présence du nombre
de magistrats requis pour la tenue de cette audience. C'est donc bien
uniquement le nombre des magistrats qui fait la distinction entre
l'audience ordinaire et l'audience solennelle, et c'est ce qui nous
autorise à affirmer que la Cour siégeant en audience ordinaire et la
Cour siégeant en audience solennelle ne sont pas deux juridictions
distinctes, mais un seul et même tribunal, plus ou moins nombreux.

Cette proposition est devenue particulièrement évidente depuis la
loi du 30 août 1883 qui a réduit certaines Cours à une seule chambre. Jusque-là, l'audience solennelle était formée par la réunion de
deux chambres (Déc. 30 mars 1808, art. 22, § 3 ; Déc. 6 juill. 1810,
art. 7 ; Ord. 24 sept. 1828, art. 3), et l'on pouvait à la rigueur voir
dans cette assemblée un tribunal différent de celle qui n'en comprend
qu'une seule. Mais aujourd'hui, la formation de l'audience solennelle
n'exige plus, au moins dans les Cours composées d'une seule chambre,
l'adjonction, désormais impossible, d'une seconde chambre ; c'est la
même chambre qui juge en audience ordinaire et en audience solennelle, avec un nombre plus ou moins grand de magistrats. Ce serait
un abus de langage de dire que cette chambre est compétente ou incompétente pour les questions d'état selon qu'elle siège avec neuf
conseillers ou un moins grand nombre. La vérité est qu'elle est toujours compétente ; seulement le nombre des conseillers requis pour
la validité de ses arrêts varie selon la nature de l'affaire. Nous ne
croyons pas qu'il en soit autrement pour les Cours composées de
plusieurs chambres.

---

[1] Jugé en ce sens qu'il n'est pas nécessaire que l'arrêt fasse mention qu'il a été
rendu en robes rouges, ce qui implique évidemment que cette forme n'est pas subs-
tantielle. Cass., 28 fév. 1828, Sir. chr.; 24 août 1831, Sir., 31, 1, 321.

[2] Cass., 28 fév. 1828 et 24 août 1831 précités.

Ceci posé, lorsqu'une Cour connaît en audience ordinaire d'une affaire qu'elle devait juger en audience solennelle ou réciproquement, ce n'est pas pour incompétence que son arrêt peut être attaqué, mais pour violation des prescriptions légales sur le nombre des juges, savoir, dans le premier cas, pour n'avoir pas siégé en nombre suffisant, dans la seconde hypothèse, pour avoir appelé sans nécessité des membres d'une autre chambre pour compléter une chambre qui se trouvait en nombre suffisant.

Cette constatation n'est pas sans importance. Elle présente au contraire de l'intérêt à plusieurs points de vue.

Supposons d'abord une Cour composée d'une seule chambre et qui ait tenu l'audience solennelle à neuf conseillers pour une affaire qui ne la comportait pas. Sa décision sera inattaquable, puisque, même dans les affaires ordinaires, tous les conseillers appartenant à la chambre ont le droit de siéger. Elle ne cesserait de l'être que si l'on avait appelé des personnes étrangères à la Cour, avocats ou avoués, pour arriver au chiffre de neuf.

Il n'y a pas, en second lieu, lorsqu'une affaire est portée à tort à l'audience solennelle ou réciproquement, à se demander si la Cour est incompétente *ratione materiæ* ou *ratione personæ*, et si cette incompétence doit être opposée *in limine litis* ou si elle peut l'être en tout état de cause. Ce n'est pas d'incompétence qu'il s'agit, mais de composition irrégulière de la Cour, moyen de nullité contre ses arrêts qui ne donne pas ouverture à une exception d'incompétence, ni même à une exception de nullité, mais seulement au pourvoi en cassation.

Enfin, au point de vue des affaires connexes, qui nous ont amené à cette digression, nous aboutissons aussi à une solution très nette. Les dispositions qui ont pour but d'assurer à un seul tribunal la connaissance des affaires connexes sont d'intérêt privé, nous l'avons suffisamment démontré plus haut. Au contraire, les règles relatives à la composition des tribunaux sont assurément d'ordre public : il n'est pas permis aux parties d'y toucher, d'autoriser le tribunal à siéger en un nombre inférieur au nombre légal, ou, à l'inverse, à appeler d'autres magistrats dans son sein, alors qu'il est au complet A plus forte raison, les tribunaux ne sauraient-ils se livrer à de tels agissements sans le consentement des parties.

Lorsque, pour cause de connexité, on demande à porter une question d'état à l'audience ordinaire, ou une question pécuniaire à l'audience solennelle, on se trouve donc en présence de deux principes, l'un, celui de la connexité, favorable à cette prétention, l'autre, celui de l'invariabilité de la composition des tribunaux, qui lui est contraire; le dernier, qui est d'ordre public, doit l'emporter sur le premier, qui est d'intérêt purement privé. Nous raisonnons ici comme nous l'avons fait au sujet de la distinction entre l'incompétence *ratione personæ* et l'incompétence *ratione materiæ*. Et, c'est à tort que la jurisprudence, qui admet que la Cour en audience solennelle est incompétente *ratione materiæ* pour les affaires de l'audience ordinaire, décide qu'elle peut retenir ces affaires lorsqu'elles sont connexes à des affaires de sa compétence[1]. La logique devait la conduire à une solution différente. Aussi n'échappe-t-elle à la contradiction que nous lui reprochons qu'en tombant dans une autre : elle proclame ici que l'attribution des affaires connexes à une même juridiction est un principe d'ordre public[2], maxime qu'en d'autres circonstances elle n'a pas hésité à condamner, comme nous l'avons montré plus haut.

II

Les difficultés que nous venons d'examiner relativement aux affaires connexes se présentent souvent dans la pratique sous un aspect un peu différent. Il arrive fréquemment qu'une demande de nature purement pécuniaire étant portée devant les tribunaux, les parties se trouvent amenées à y mêler une question d'état. Ce sera, par exemple, une pétition d'hérédité ou une action en partage, à laquelle le défendeur répond en contestant l'état du demandeur, ou que le demandeur, au contraire, appuie sur une contestation de l'état du défendeur. Y a-t-il lieu pour la Cour de retenir le tout à l'audience ordinaire ou, au contraire, de renvoyer à l'audience solennelle?

---

[1] Cass , 23 mai 1860, Sir., 60, 1, 958 ; 22 juill. 1861, Sir., 62, 1, 601 ; 22 mars 1864, Sir., 64, 1, 207 ; 17 mars 1868, Sir., 68, 1, 267 ; 21 août 1871, Sir., 71, 1, 208 ; 29 juill. 1874, Sir , 75, 1, 8 ; Montpellier, 1er fév. 1866, Sir., 66. 2, 325. — Crépon, t. II, n° 3692 et s.

[2] Cass., 22 mars 1864, précité.

S'il était permis de trancher une question de droit uniquement en considération des avantages pratiques de la solution, l'hésitation ne serait guère permise. Il est toujours bon qu'un tribunal puisse connaître des incidents qui surgissent devant lui ; le renvoi à l'audience solennelle des questions d'état incidentes, l'obligation qui en résultera le plus souvent pour la Cour de suspendre l'examen en audience ordinaire de la demande principale, dont le sort dépendra trop étroitement du résultat de l'incident, la difficulté de convoquer l'audience solennelle, les complications, les retards qui en sont la suite, et les moyens dangereux qu'ils peuvent fournir à l'esprit de chicane, voilà autant de raisons pour souhaiter que la loi permette de juger en audience ordinaire les questions d'état d'incidentes. Le permet-elle en effet ?

Il faut se demander d'abord si le décret de 1808 ne les exonérerait pas de l'audience solennelle. Nous savons, en effet, qu'il en dispense les contestations sur l'état civil qui doivent être jugées à bref délai, et celles qui revêtent des formes particulières ne comportant pas une instruction solennelle.

Il nous paraît difficile de comprendre les demandes incidentes dans cette dernière catégorie. On ne voit rien dans leurs formes propres, lesquelles ne concernent nullement d'ailleurs la tenue de l'audience, qui soit incompatible avec une instruction solennelle.

Sont-elles, du moins, de celles « qui doivent être décidées à bref délai » ? Il ne paraît pas que le législateur les ait considérées comme telles. Les règles de procédure spéciale qu'il leur a assignées (art. 337 et s., cod. proc. civ.) sont inspirées uniquement par une pensée d'économie : seules, parmi les demandes incidentes, les demandes provisoires sont soumises à la procédure sommaire (art. 404, cod. proc. civ.), et les demandes incidentes relatives à l'état des personnes n'auront certainement jamais le caractère de demandes provisoires.

M. Labbé croit cependant que, dans certains cas, elles demandent à être décidées à bref délai, et tombent ainsi sous l'empire de l'exception formulée par l'art. 22. C'est lorsqu'elles n'ont pas un caractère sérieux, étant formées de mauvaise foi, sans chance de succès, uniquement pour embarrasser la marche du procès et retarder le succès de l'adversaire. « La Cour, dit-il[1], n'est pas forcée en tous

---

[1] Note dans le *Recueil* de Sirey, 1880, 1, 242.

cas de renvoyer aux chambres réunies en audience solennelle toute question d'état qui s'agite incidemment devant elle. Il ne saurait dépendre du caprice ou de la mauvaise foi d'une partie intéressée aux lenteurs, d'interrompre une instance, de rendre nécessaire un renvoi par une contestation d'état. La Cour examine si la contestation est sérieuse. Elle passe outre et retient la connaissance en audience ordinaire, si elle ne regarde pas la contestation comme digne d'une instruction approfondie, si l'évidence proteste contre les allégations du contestant ; elle tranche alors la question..... Elle débarrasse la marche du procès d'un obstacle, d'une exception qu'elle considère comme une pure chicane, un frauduleux expédient du défendeur..... Voilà ce que, selon nous, le législateur a entendu par une question susceptible d'être décidée à bref délai. »

Cette interprétation de l'article 22 s'appuie par analogie sur l'art. 182, Cod. for., qui, dans le cas où l'exception de propriété est soulevée par le délinquant devant le tribunal correctionnel, autoriserait une distinction analogue[1]. Ajoutons que la jurisprudence a, dans diverses hypothèses plus ou moins voisines, consacré des systèmes semblables. Ainsi il a été jugé, à plusieurs reprises, que, lorsque la compétence du juge de paix est subordonnée à l'absence de contestation sur le titre ou sur le droit (par exemple, en matière de baux, de dommages aux champs, etc. L. 25 mai 1838, art. 4, 1°, 5, 1°, etc.), il ne suffit pas, pour rendre le juge de paix incompétent, que l'une des parties soulève une contestation quelconque, il faut que cette contestation soit sérieuse[2]. De même, il est de jurisprudence constante que le juge de paix, lorsqu'une contestation d'état est soulevée devant lui en matière électorale, n'est tenu de surseoir à statuer, comme l'y oblige l'art. 22 du décret organique du 2 fév. 1852, que s'il existe un doute sérieux sur le mérite de cette contestation[3].

Il n'y a pas d'inconvénient, au surplus, ajoute M. Labbé, à ce que,

---

[1] L'art. 59 de la loi du 15 av. 1829 sur la pêche fluviale est conforme à l'art. 182, Cod. for.

[2] Cass., 15 déc. 1885, Sir., 86, 1, 156 ; 15 nov. 1886, Sir., 87, 1, 464 ; 23 nov. 1886, Dall., 87, 1, 184.

[3] Cass., 3 juin 1890, Sir., 91, 1, 541 ; 8 av. 1891, Sir., 92, 1, 94. Nous nous bornons sur ces deux questions à citer les plus récents des arrêts fort nombreux auxquels elles ont donné lieu.

dans l'hypothèse prévue, la Cour statue en audience ordinaire ; car alors son jugement n'aura l'autorité de la chose jugée, en ce qui concerne la question d'état, qu'au regard de la demande principale : elle restera entière à tous autres égards. Ainsi, à une pétition d'hérédité, le défendeur a répondu en contestant l'état du demandeur. Si la Cour estime que cette contestation n'est pas sérieuse, elle l'écartera et accueillera la pétition d'hérédité ; mais cela n'empêchera pas le défendeur de reproduire cette même contestation d'état par voie d'action principale : l'exception de chose jugée ne pourra lui être opposée.

L'art. 22 du décret de 1808 a-t-il réellement la portée que lui prête M. Labbé ? Peut-on, à une formule aussi vague, aussi élastique, attacher une signification aussi précise, et, il faut bien le dire, aussi éloignée du sens naturel de ses termes, aussi étrangère en même temps aux préoccupations habituelles du législateur, aussi contraire à l'esprit général de ses œuvres ? Il n'est guère d'usage, dans notre droit, de distinguer les contestations en sérieuses et non sérieuses, et de traiter celles-ci autrement que celles-là[1]. On cite l'art. 182, Cod. for. ;

---

[1] La jurisprudence a reconnu, en diverses occasions, qu'il n'est pas au pouvoir du juge de modifier les limites de ses pouvoirs ou de sa compétence relativement à une demande, sous prétexte qu'elle ne lui paraîtrait pas sérieuse. Il a été jugé en ce sens : 1° que lorsqu'à une demande en dernier ressort le défendeur oppose une demande reconventionnelle excédant le taux du dernier ressort, le jugement est susceptible d'appel, bien que cette demande semble n'avoir eu d'autre but que de ménager au défendeur un second degré de juridiction. Cass., 25 juill. 1864, Sir., 64, 1, 451 ; 11 janv. 1865, Sir., 65, 1, 223 ; 29 mai 1876, Sir., 76, 1, 297 ; 30 av. 1889, Sir., 89, 1, 456 ; Douai, 8 mai 1855, Sir., 56, 2, 23 ; Bordeaux, 1er mars 1861, Sir., 61, 2, 513 ; Contrà, Orléans, 31 août 1852, P., 52, 2, 697 ; Bourges, 7 mars 1860, Sir., 60, 2, 185 ; — 2° que lorsqu'une dénégation d'écritures est formée devant un tribunal de paix ou de commerce, ce tribunal ne peut se refuser à surseoir et à renvoyer devant le juge compétent (art. 17 et 427, Cod. proc. civ.), sous prétexte que la dénégation n'est pas sérieuse. Cass., 24 août 1881, Sir., 82, 1, 160 ; Pau, 5 av. 1884, Sir., 84, 2, 166 ; Contrà ; Cass., 2 fév. 1836, Dall. Rép., v° Quest. préjud., n° 216 ; Rennes, 26 nov. 1834, op. cit., v° Comp. comm, n° 366 ; Paris, 12 juill. 1837, op. cit, v° Vérif d'écrit., n° 37 ; Aix, 22 fév. 1870, Dall., 70, 2, 190 ; Lyon, 25 fév. 1892, Gaz. Pal. 92, 1, 630 ; — 3° que ce prétexte est également insuffisant pour dispenser le juge de commerce de surseoir à statuer et de renvoyer aux tribunaux ordinaires, lorsque les qualités des veuves ou héritiers des commerçants sont contestées (art. 426, Cod.

mais justement il n'a fallu rien moins qu'un texte formel, clair et précis, pour établir cette distinction en matière forestière. Qu'on le compare avec notre art. 22 (auquel il est du reste postérieur), et l'on verra, avec quelle insistance, quel luxe de détails, il proclame une règle d'un caractère aussi exceptionnel. Il en eût fallu tout autant pour l'étendre aux questions d'état, car elle n'est en somme que le renversement des principes ordinaires de la procédure. De quelque façon qu'on la comprenne, elle heurte quelque maxime essentielle de notre droit.

Dira-t-on, conformément à l'art. 182, Cod. For., que la Cour, saisie par des conclusions incidentes d'une question d'état qui ne lui paraît pas sérieuse, aura le droit de l'écarter par une fin de non-recevoir, de se refuser à y statuer par son arrêt, et de passer outre, sans en tenir compte, au jugement de la demande principale? On viole ce principe en vertu duquel le tribunal n'a pas le droit de ne pas juger les conclusions qui lui sont soumises. L'arrêt tombera sous le coup de la requête civile, aux termes de l'art. 480, 5°, Cod. proc. civ., pour avoir « omis de prononcer sur un des chefs de demandes ».

Dira-t-on, avec M. Labbé, que la Cour statuera sur cette contestation d'état non sérieuse, mais que son jugement n'aura l'autorité de la chose jugée qu'au regard de la demande principale? On introduit alors dans la théorie de la chose jugée un élément nouveau, dont ni l'art. 1351, ni la doctrine antérieure qui lui a donné naissance n'ont jamais fait état. Il suffit, pour qu'une contestation ne puisse plus être reproduite entre les mêmes parties devant les tribunaux, qu'elle ait été tranchée par un jugement. Peu importe qu'elle ait paru sérieuse ou non au tribunal qui l'a jugée : il l'a jugée, c'est tout ce qu'il faut pour que l'exception de chose jugée puisse désormais être opposée. Peu importe aussi que ce tribunal soit incompétent ou irrégulièrement composé ; si son jugement n'est pas attaqué dans les formes et dans les délais prescrits pour les voies de recours, il n'en acquiert pas moins définitivement l'autorité de la chose jugée[1]. La Cour qui, sous pré-

---

proc. civ.). Cass., 1er av. 1889, Sir., 89, 1, 455. — Nous ne nous chargeons pas de concilier ces décisions avec celles qui sont citées, *sup.*, p. 13.

[1] V. sur ces deux points les autorités citées dans Dalloz, *Rép.*, v° *Chose jugée*, n°s 94 et s., et *suppl.*, n°s 57 et s.

texte qu'elle n'est pas sérieuse, jugera en audience ordinaire une contestation d'état incidente, la tranchera donc irrévocablement entre les parties, contrairement au vœu de la loi qui est que ces sortes d'affaires soient jugées en audience solennelle. Qu'importe, dira-t-on, puisqu'il s'agit d'une contestation qui n'était pas sérieuse. Pas sérieuse ! la Cour a pu l'estimer telle à tort, à raison de la manière imparfaite ou maladroite dont elle a été présentée ou soutenue. Ne serait-il pas regrettable que l'accès du prétoire lui fût fermé par un jugement émané d'une juridiction que la loi estime insuffisante pour trancher ces sortes de questions ?

La jurisprudence ne s'est pas lancée dans la distinction que nous venons de réfuter. Elle s'est depuis longtemps prononcée, sous une réserve que nous indiquerons plus tard, en faveur d'un système qui soustrait à l'audience solennelle les questions d'état incidentes, par cela même qu'elles sont formées incidemment.

Des arrêts fort nombreux qui ont formulé cette doctrine[1], on peut extraire en sa faveur plusieurs arguments d'inégale valeur, mais dont aucun, croyons-nous, n'est décisif.

Nous ne mentionnerons que pour mémoire cette assertion évidemment irréfléchie d'une Cour d'appel[2], qui, pour justifier la différence qu'elle établit entre les questions d'état principales et incidentes, pré-

---

[1] Cass., 23 mars 1825, Sir. chr. ; 29 nov. 1826, Sir. chr. ; 10 juill. 1827 Sir. chr ; 12 nov. 1839, Sir., 39, 1, 826 ; 20 juill. 1846, Sir., 47, 1, 74 ; 19 av. 1847, Sir , 47, 1, 562 ; 3 fév. 1851, Sir., 51, 1, 225 ; 9 janv. 1854, Sir., 54, 1, 689 ; 10 mars 1858, Sir., 58, 1, 529 ; 16 mars 1859, Sir., 59, 1, 309 ; 15 av. 1861, Sir., 61, 1, 721 ; 16 déc. 1861, Sir., 62, 1, 253 ; 26 nov. 1862, Sir., 63, 1, 16 ; 15 déc. 1863, Sir., 64, 1, 27 ; 14 mars 1864, Sir., 64, 1, 123 ; 26 juill. 1865, Sir., 65, 1, 393 et 395 ; 13 mai 1868, Sir , 68, 1, 338 ; 8 nov. 1870, Sir., 71, 1, 6 ; 27 janv. 1874, Sir., 74, 1, 108 ; 23 mars 1874, Sir., 74, 1, 265 ; 28 nov. 1876, Sir., 77, 1, 245 ; 9 juill. 1879, Sir., 80, 1, 241 ; 14 déc. 1880, Sir , 81, 1, 349 ; 29 janv. 1883, Sir , 84, 1, 73 ; 18 et 25 mars 1884, Sir., 85, 1, 215 ; 7 déc. 1885, Sir., 88, 1, 12 ; 18 janv. 1888, Sir., 88, 1, 256 ; 13 août 1888, Sir., 89, 1, 325 ; Bordeaux, 31 janv. 1833, Sir., 34, 2, 543 ; Bourges, 20 juill 1838, P., 38, 2, 521 ; Metz, 7 fév. 1854, Sir., 54, 2, 659 ; Orléans, 10 mai 1860, Sir., 61, 2, 89 ; Lyon, 17 mars 1863, Sir., 63, 2, 205 ; 19 août 1881, Dall., 82, 2, 113. — En ce sens Bioche, v° Audience solennelle, n° 3 ; Rousseau et Laisney, Dict. de procéd., v° Appel, n° 470 ; Bonfils, n° 422, 4° ; Mourlon et Naquet, n° 269, p. 250 ; Garsonnet, t. I, p. 153.

[2] Nancy, 2 mars 1876, s. Cass., 28 nov. 1876, Sir., 77, 1, 245.

tend que les jugements rendus sur les premières ont l'autorité de la chose jugée *erga omnes*, et les jugements sur les demandes incidentes seulement *inter partes*. On voit le vice de ce raisonnement. La chose jugée n'est tenue pour vraie, l'art. 1351, Cod. civ., le veut ainsi, qu'entre les parties. Les jugements sur les questions d'état n'échappent pas à cette règle : on ne défend plus guère aujourd'hui, sauf dans quelques cas très exceptionnels, comme l'action en désaveu, où l'enfant n'a qu'un contradicteur possible, la théorie d'après laquelle la chose jugée sur l'état d'une personne, dans une instance où figurait son légitime contradicteur, était tenue pour vraie *erga omnes*. Et d'ailleurs, si cette théorie était exacte, on ne voit pas pourquoi elle le serait moins pour les questions d'état incidentes, que pour celles qui sont formées par voie d'action principale.

D'autres raisons plus spécieuses ont été mises en avant. Les Cours d'appel, dit-on, ne doivent juger en audience solennelle les questions d'état qu'autant qu'elles sont introduites par action principale et qu'elles ont pour objet direct de fixer cet état. Quand la question d'état est soulevée par l'une des parties à l'occasion d'un autre différend, elle appartient à l'audience ordinaire, parce qu'elle n'est alors qu'un moyen pour faire accueillir ou rejeter la demande, et que le juge doit apprécier ce moyen qui n'est qu'un incident ou un point accessoire de la contestation principale. Lorsque la question d'état est soulevée par le défendeur, cet argument prend une forme plus spéciale et plus précise : on le présente alors comme une application de la règle : *le juge de l'action est juge de l'exception.*

On lit encore dans les arrêts que la compétence est déterminée par la demande introductive d'instance, ce qui veut dire sans doute que lorsqu'un tribunal est régulièrement saisi d'une demande de sa compétence, il peut connaître de toutes les demandes, de toutes les questions qui lui sont soumises au cours de cette instance. Au fond, c'est toujours la même idée.

Or, cette idée n'est pas exacte, du moins avec la généralité que lui donne ici la Cour de cassation. Il y a lieu de la corriger par une distinction qui, dans d'autres cas analogues, ne lui a pas échappé.

Pourquoi le décret de 1808 veut-il que les questions d'état soient portées à l'audience solennelle ? C'est, apparemment, pour que les décisions relatives à cet objet important interviennent avec la garantie d'un plus grand nombre de juges, pour qu'elles soient jugées par une

assemblée de neuf magistrats au moins. Ce qu'il réprouve, ce qu'il veut empêcher, c'est qu'un arrêt tranchant une question d'état soit rendu par cinq conseillers seulement. Or, pour qu'un arrêt puisse être considéré comme tranchant une question d'état, il faut qu'il ait, relativement à cette question, l'autorité de la chose jugée. Le vœu de la loi sera donc rempli, si tout arrêt ayant l'autorité de la chose jugée sur une question d'état est rendu en audience solennelle. Rien ne s'oppose, au contraire, à ce qu'un arrêt touchant à une question d'état soit rendu en audience ordinaire, s'il n'a pas sur ce point l'autorité de la chose jugée.

Pour savoir si un arrêt relatif à une question d'état a été régulièrement rendu en audience ordinaire, il faut donc se demander uniquement ceci : a-t-il ou n'a-t-il pas sur cette question l'autorité de la chose jugée ? C'est ce dont on pourra se rendre compte en appliquant les principes de la matière. Or, il est certain d'abord que ce qui a été jugé incidemment a l'autorité de la chose jugée, comme ce qui a été jugé sur l'action principale[1]. Il n'y a, en effet, aucune raison de distinguer ; l'autorité de la chose jugée repose principalement sur une nécessité sociale : il faut que les procès aient une fin, et, pour cela, que les décisions des tribunaux ne puissent plus être remises en question. A cette considération essentielle viennent se joindre quelques motifs accessoires : s'il n'est pas certain que la chose jugée est conforme à la vérité, les garanties dont est entourée l'administration de la justice, les débats contradictoires qui précèdent la sentence, ou tout au moins la faculté qui appartient à chaque partie d'éclairer les juges, enfin les voies de recours qui leur permettent de soumettre l'affaire à un nouvel examen, sont autant de raisons d'espérer que le tribunal ne s'est pas trompé. Il est facile de constater que ces raisons ont toujours la même valeur, dans quelque forme et à quelque moment de l'instance que la demande ait été formée.

---

[1] Cass., 25 pluv. an II ; S. chr. ; 15 juin 1818, S. chr. ; 31 déc. 1834, Sir., 35, 1, 545 ; 18 mars 1863, Sir., 63, 1, 420 ; Duranton, *Cours de Droit français*, t. XIII, n. 483 ; Larombière, *Traité des Obligations*, t. VII, sur l'art. 1351, n° 31 ; Aubry et Rau, t. VIII, § 769, p. 371 ; Demolombe, *Cours de Code Nap.*, t. 30, n° 293 ; Laurent, *Princ. de Cod. civ.*, t. 20, n° 33. — Le droit romain décidait autrement. V. L. 1ʳᵉ, C., *De ord. jud.* (III, 8).

Quelques auteurs[1] enseignent que le jugement n'a l'autorité de la chose jugée que sur ce qui a fait l'objet des conclusions des parties. Cela est exact en ce sens (et telle est la signification des arrêts cités par ces auteurs) que, les tribunaux s'abstenant généralement de résoudre les questions qui ne leur sont pas soumises, leurs décisions ne sauraient avoir d'autorité sur des points qu'ils n'ont ni examinés ni tranchés. Ainsi, un individu intente une pétition d'hérédité, à titre d'héritier légitime : le défendeur invoque la prescription de cette action, et succombe. Il est évident que si, plus tard, il veut contester l'état de son adversaire, et nier sa parenté avec le *de cujus,* on ne pourra lui opposer l'arrêt rendu sur la pétition d'hérédité, arrêt lors duquel la Cour n'a ni étudié ni résolu cette question. Cet arrêt aura donc pu être valablement rendu en audience ordinaire.

On peut poser une hypothèse un peu différente et qui, pour ne pas apparaître dans les recueils de jurisprudence, n'est cependant pas dénuée de vraisemblance. Il s'agit d'une question quelconque, et, par exemple, d'une question d'état qui n'a pas été formulée dans les conclusions des parties, mais à laquelle il a été fait allusion, soit dans ces conclusions elles-mêmes, soit dans les plaidoiries. La Cour, faute d'un examen suffisamment attentif des pièces, croit qu'elle est saisie de cette question, et la tranche dans le dispositif de son arrêt. Celui-ci aura-t-il sur ce point l'autorité de la chose jugée? Les auteurs que nous avons cités paraissent incliner vers la négative, et cette opinion peut s'appuyer sur des considérations spécieuses. D'abord, sur les termes mêmes de l'art. 1351, duquel il semble résulter que le jugement n'a l'autorité de la chose jugée que sur les « choses demandées ». On peut ajouter que les garanties habituelles manquent à la décision du juge sur un point qui n'a pas été proposé au débat contradictoire des parties. On dit encore que le jugement ne peut avoir d'autorité, lorsqu'un échange préalable de conclusions n'a pas formé le contrat judiciaire entre les parties[2].

Mais ces arguments ne sont pas sans réplique. Ce n'est pas ici le lieu d'exposer notre sentiment sur la théorie fort incertaine du contrat

[1] Cardot, *Rev. crit. de Législ.,* 1re série, t. XXII, p. 464 ; Garsonnet, t. III, pp. 240 et 241, texte et n. 13, *in fine.*
[2] Garsonnet, *loc. cit.*

judiciaire et sur ses rapports avec les effets des jugements. Qu'il nous suffise, pour écarter l'argument qu'on en tire dans l'espèce, de constater que l'autorité de la chose jugée se justifie par des raisons indépendantes de cette théorie, et peut par conséquent rester debout là où les éléments du contrat judiciaire font défaut.

A supposer que l'analyse subtile des termes de l'art. 1351 puisse fournir quelque lumière sur cette question, elle inclinerait plutôt l'esprit à attribuer dans l'espèce au jugement l'autorité de la chose jugée. S'il parle de *choses demandées*, c'est à l'occasion de la nouvelle instance dans laquelle est invoquée l'autorité de la chose jugée. Pour que ce moyen soit opposé avec succès, il faut que la *chose demandée* dans cette instance soit la même que celle qui a fait *l'objet du jugement ;* cette dernière formule comprend toutes les questions qui ont été tranchées par le jugement, sans distinction entre celles qui ont été proposées au tribunal et celles dont il s'est à tort saisi d'office.

Mais nous n'attachons pas grande importance à cet argument de texte. Une raison plus sérieuse nous décide à maintenir la doctrine auquel elle nous conduit. On sait que, parmi les cas de requête civile, figure celui où le tribunal a statué sur *choses non demandées* (art. 480, 3°, Cod. proc. civ.). Si l'on veut bien prendre garde d'autre part que l'exercice d'une voie de recours a précisément pour but d'empêcher le jugement attaqué de produire ses effets, et notamment de lui enlever l'autorité qui lui appartient, si l'on considère, en outre, qu'une voie de recours dirigée contre une disposition qui serait dépourvue d'efficacité serait purement frustratoire, on conclura facilement que le jugement qui a statué sur choses non demandées n'en jouit pas moins, quant à ces choses, de l'autorité de la chose jugée[1]. Par conséquent, si cette question, dont une Cour s'est saisie d'office, est une question d'état, et qu'elle ait statué en audience ordinaire, son arrêt sera susceptible de deux voies de recours, savoir, de la requête civile, en vertu de l'art. 480, 3°, Cod. proc. civ., et du pourvoi en cassation, pour avoir été rendu avec un nombre de juges insuffisant.

Dans les jugements, le dispositif seul, en principe, jouit de l'autorité de la chose jugée, puisque seul il renferme la décision du juge

---

[1] En ce sens Larombière, t. VII, sur l'art. 1351, n° 30. Demolombe, t. 30, n. 295 ; Laurent, t 20, n° 37.

sur les contestations qui lui sont soumises[1]. C'est donc seulement lorsque la question d'état est tranchée dans le dispositif, que l'arrêt devra être rendu en audience solennelle. Toutefois, comme le jugement a l'autorité de la chose jugée même pour ce qui n'y est décidé qu'implicitement, il est permis de recourir aux motifs pour éclairer le dispositif, et en dégager une décision qui ne s'y trouve pas expressément formulée[2]. C'est ainsi qu'il pourra se faire qu'un arrêt tranche une question d'état, bien qu'il n'en soit pas dit un mot dans le dispositif, et doive, par conséquent, être rendu en audience solennelle.

Nous avons posé le criterium qui, d'après nous, doit servir à déterminer si un arrêt rendu en audience ordinaire ou en audience solennelle a été bien rendu. Il est plus important encore que les magistrats sachent d'avance en quel nombre ils doivent siéger. Il leur sera facile de s'en rendre compte en examinant les conclusions des parties, qui doivent être la base de leur décision. Si une question d'état y est posée dans le dispositif, ou bien dans des motifs qui sont avec le dispositif dans le rapport que nous venons d'indiquer, l'affaire appartient à l'audience solennelle.

En un mot, il faut rechercher si la contestation sur l'état intervient comme véritable demande incidente ou comme simple moyen. C'est la distinction que fait la jurisprudence en d'autres matières, par exemple, lorsqu'il s'agit de savoir si le juge de paix peut examiner une question excédant les bornes de sa compétence[3], ou si une question nouvelle élevée en appel doit être écartée comme demande nouvelle ou retenue comme simple moyen nouveau[4].

---

[1] V. les autorités dans Dalloz, *Rép.*, v° *Chose jugée*, n°s 21 et s., et *supp.*, n°s 9 et s.

[2] V. Dalloz, *eod.*, v°, n°s 25 et s., et *supp.*, n°s 11 et s.

[3] Comp., d'une part, 22 juill. 1861, Sir., 61, 1, 951 ; 15 mai 1865, Sir., 65, 1, 419 ; 23 juill. 1868, Sir., 69, 1, 116 ; 27 av. 1875, Dall., 75, 1, 423, et d'autre part, Cass., 30 mars 1864, Sir., 64, 1, 288 ; 25 fév. 1867, Sir., 67, 1, 97 ; 9 fév. 1880, Dall., 81, 1, 296.

[4] V. les arrêts cités dans le *Rép. génér. alphab. du Droit franç.*, v° *Appel*, n°s 2826 et s., 3207 et s.

III

Les idées que nous venons d'exposer n'ont point encore pénétré dans la jurisprudence. La Cour de cassation a néanmoins compris qu'il était bizarre et puéril de distraire le jugement d'une question d'état de l'audience solennelle, par cette seule raison qu'elle se présente incidemment à une autre affaire, de subordonner ainsi les garanties dont le législateur a voulu l'entourer à une circonstance indifférente, à un accident de procédure, et de permettre à chacune des parties d'éluder l'audience solennelle par un artifice des plus simples. Après avoir pendant longtemps réservé à l'audience ordinaire toutes les questions d'état incidentes sans exception, elle s'est donc ravisée, et, dans une série d'arrêts de plus en plus rapprochés et catégoriques, elle a établi une distinction dont le principe peut se résumer dans cette formule que renferment plusieurs arrêts : la Cour doit connaître de l'affaire en audience solennelle lorsque la question d'état est devenue l'objet principal et dominant du débat. C'est donc seulement lorsqu'elle présente un caractère accessoire que l'affaire doit être jugée en audience ordinaire[1].

Cette distinction a été justement critiquée[2]. Elle prête en effet à plusieurs objections. D'abord ne peut-on pas dire d'une façon générale, que lorsque deux contestations, l'une relative à l'état civil, l'autre pécuniaire, sont en jeu, la première ne doit jamais être considérée comme l'accessoire de l'autre ? Le législateur n'a-t-il pas attesté, par le soin qu'il a pris de les soumettre toutes à l'audience solennelle, que la moindre des questions d'état a plus d'importance à ses yeux que les plus gros procès d'argent ?

Il faut reconnaître ensuite que le criterium de la jurisprudence est

---

[1] V. surtout Cass., 21 av. 1835, P. chr.; 23 nov. 1868, Sir., 69, 1, 5 ; 30 juin 1879, Sir., 81, 1, 397 ; 7 déc. 1885, Sir., 88, 1, 120 ; 14 juin 1887, Dall., 88, 1, 64 ; 18 janv. 1888, Sir., 88, 1, 256 ; 13 août 1888, Sir., 89, 1, 325 ; 26 juin 1889, Pand. Franç., 89, 1, 547 ; Lyon, 19 août et 29 déc. 1881, Dall., 82, 2, 113 ; Grenoble, 27 juin 1888, Rec. de Grenoble, 88, 261.

[2] V. Labbé, n. dans Sir., 1880, 1, 241.

bien défectueux et d'une application singulièrement difficile. Comment reconnaître si la question d'état est devenue l'objet principal et dominant du débat? C'est affaire d'appréciation, et l'on conçoit que les meilleurs esprits selon leurs tendances et les points de vue auxquels ils se placent, se trouvent dans une même espèce en désaccord sur ce point. Passe encore si la Cour d'appel tranchait souverainement cette question qui nous paraît bien plus, en effet, une question de fait qu'une question de droit. Mais non, la Cour de cassation réserve son contrôle, recherche quel est l'objet dominant de chaque procès, et n'hésite pas à casser l'arrêt qui, d'après cette appréciation, a été rendu à tort, soit en audience ordinaire, soit en audience solennelle. Par cela même que le résultat de cet examen est affaire d'impression personnelle, plutôt qu'application logique de principes certains, et que les précédents ne peuvent être un guide sûr, là où les circonstances d'espèce ont une si grande influence, jamais la Cour d'appel, quelque attention qu'elle y apporte, ne peut être certaine que son arrêt sera à l'abri de la cassation. Toujours les parties, lorsqu'elles porteront devant la Cour une affaire compliquée d'une question d'état incidente seront exposées à se voir obligées de recommencer leur procès sur nouveaux frais.

Le système que nous avons proposé ne sera certes pas dans tous les cas d'une application exempte de difficultés, et, par exemple, quand la question d'état sera résolue dans les motifs de l'arrêt, on aura quelquefois de la peine à découvrir s'il a sur cette question l'autorité de la chose jugée. Mais outre que les conclusions auxquelles nous aboutissons sont rationnelles en elles-mêmes, il est vrai, néanmoins, qu'elles sont de nature à diminuer l'embarras des Cours saisies de questions d'état incidentes. N'est-ce pas quelque chose de pouvoir poser en principe que tout arrêt dont le dispositif statue sur l'état des personnes doit être rendu en audience solennelle, et de soumettre ainsi à une règle certaine une foule d'espèces que la jurisprudence actuelle laisse dans une obscurité pleine d'incertitude et de danger?

Peut-être, au surplus, la jurisprudence est-elle, au fond, moins éloignée de nos conclusions qu'on pourrait le croire à la lecture de certains arrêts. Si son point de départ nous paraît erroné, si elle se préoccupe à tort du caractère accessoire ou dominant de la contestation sur l'état, on ne peut méconnaître que, pour résoudre cette difficulté, elle s'attache volontiers à diverses circonstances qui sont également à

considérer, lorsqu'on se demande si l'arrêt a force de chose jugée sur
ce point. C'est ainsi qu'à plusieurs reprises, il a été décidé que lorsqu'une question d'état a été posée sous forme de demande reconventionnelle, elle doit être portée à l'audience solennelle[1]. C'est encore
dans le même esprit que la Cour de cassation renvoie à l'audience
solennelle le débat sur l'état civil qui forme un chef distinct, discuté et
jugé séparément des autres questions du procès[2], et qu'elle juge, avec
plus de précision encore, qu'il y a obligation pour le juge de statuer en
audience solennelle, *par des dispositions spéciales et séparées, suscep-
tibles d'acquérir l'autorité de la chose jugée,* sur les demandes soule-
vant des questions d'état qui, formées au cours d'une instance en
pétition d'hérédité, constituent des demandes principales et distinctes
de cette dernière[3]. Toutes ces solutions, quelques autres encore qu'on
pourrait relever, nous paraissent exactes en elles-mêmes et dans une
partie de leurs motifs : elles n'ont d'autre tort que de se rattacher à un
principe trop vague et difficilement saisissable.

Quoi qu'il en soit, il est certain, dans le système de la Cour de
cassation comme dans le nôtre, que certaines questions d'état sou-
levées incidemment doivent néanmoins aller à l'audience solennelle.
On peut se demander alors ce que deviendront les demandes pécuniaires à l'occasion desquelles elles sont nées. Si l'on se rappelle ce que
nous avons dit à propos des demandes connexes, il sera facile de pré-
voir la réponse de la Cour de cassation : elle admet que le tout doit
être porté à l'audience solennelle[4]. Les raisons qui nous ont amené à
combattre la jurisprudence en matière de questions connexes, nous
conduiraient ici encore à une solution différente.

IV

On a pu constater, par l'exposé qui précède. que l'attribution à
l'audience solennelle des questions d'état est la source de difficultés

---

[1] Cass., 29 juill. 1874, Sir., 75, 1, 8 ; 30 juin 1879, Sir., 81, 1, 397 ; Lyon,
19 août et 29 déc. 1881, Dall., 82, 2, 113 ; Cass., 18 mars 1884, Sir., 85, 1, 215.
[2] Cass., 7 déc. 1885, Sir., 88, 1, 120 ; 18 janv. 1888, Sir., 88, 1, 256.
[3] Cass., 16 fév. 1881, Sir., 83, 1, 369. V. aussi Cass., 10 juill. 1827, Sir., chr.
[4] V. notamment Cass., 29 juill. 1874, Sir , 75, 1, 8 ; 18 mars 1884, Sir., 85,
1, 215.

incessantes, et parfois presque insolubles. Placées entre le texte de
l'art. 22 et le désir louable d'épargner aux parties les complications et les
retards que nécessite la tenue d'une audience solennelle, les Cours en
sont à rechercher les expédients pour éviter cette formalité gênante.
Mais l'incertitude des résultats auxquels elles arrivent, la régularité
douteuse des procédés employés sont souvent pour les plaideurs la
cause de mécomptes plus graves encore. Les avantages attachés à
l'institution compensent-ils du moins ses inconvénients ? Il est permis
d'en douter, et de croire que les parties ne gagnent pas grand'chose
à être jugées par neuf conseillers au lieu de cinq. Si, dans une assemblée plus nombreuse, les lumières peuvent être plus grandes, il est
vrai aussi que la responsabilité s'allège en se divisant, et que tel
homme, qui apportera toute son attention à juger avec soin une
affaire dont il partage le fardeau avec quelques collègues, mettra
moins de zèle à l'accomplissement de sa tâche, si elle se répartit entre
un plus grand nombre de personnes. En somme, il est infiniment
probable que si les justiciables étaient consultés sur l'utilité des audiences solennelles, ils répondraient qu'en fait de juges, ils tiennent
moins à la quantité qu'à la qualité. Ils ajouteraient, sans doute, que
la magistrature française ne laissant rien à désirer sous ce dernier
rapport, ses arrêts leur inspireront toujours la même confiance, qu'ils
soient rendus par cinq ou par neuf magistrats.

Ils consentiraient d'autant plus volontiers à l'abolition des audiences solennelles, que les incertitudes auxquelles elles donnent lieu,
les cassations et les procédures frustratoires qui en sont la suite ap-
paraissent aux yeux du vulgaire comme des subtilités inutiles et
ruineuses. Comment s'étonner qu'il ne comprenne pas une théorie,
dont les initiés eux-mêmes ont quelque peine à donner des raisons
à peu près acceptables ? Il serait assurément exagéré de prétendre
supprimer complètement les procès sur la compétence, et pour cela
de demander, avec J. Bentham, l'unité absolue de juridiction. Mais il
est raisonnable de réduire au strict nécessaire ces sortes de difficultés
et tout ce qui y ressemble, et de ne pas créer à plaisir, pour un avan-
tage illusoire ou insignifiant, des complications inutiles.

Si on l'a fait en 1808, c'est qu'on a perdu de vue l'origine des
audiences solennelles et l'esprit véritable de leur institution.

Dans l'ancien droit, où la composition des tribunaux obéissait à des
règles moins fixes et moins précises qu'aujourd'hui, les Parlements

ne siégeaient en audience solennelle qu'autant qu'ils le jugeaient à propos (Ord. av. 1453, art. 113), lorsque la difficulté du procès ou la gravité des intérêts en jeu leur paraissaient comporter ce sur- croît de garanties, et qu'il n'était pas de nature à entraver la marche des affaires. Avec ce système, il n'y avait pas de cassation à crain- dre, pas de procès à recommencer pour inobservation d'une forma- lité qui, en somme, n'a rien d'essentiel.

La suppression des Parlements devait, semble-t-il, amener la disparition des audiences solennelles. Il n'en fut rien : elles se main- tinrent à l'époque révolutionnaire pour des raisons et avec un emploi nouveau. On sait que, d'après la constitution de l'an III, le tribunal de département n'ayant pas au-dessus de lui de juridiction supérieure, l'appel de ses décisions était porté devant un autre tribunal du même degré. (Const. 5 fruct. an III, art. 219). Cette organisation était basée sur un principe faux. Il était embarrassant pour le tribunal d'appel de juger et de réformer la décision d'un autre tribunal, placé au même rang que lui dans la hiérarchie judiciaire, et jouis- sant d'une autorité égale à la sienne. Les tribunaux de département le sentirent parfaitement, et quelques-uns d'entre eux essayèrent de rehausser l'éclat et le prestige de leurs jugements d'appel par un artifice inspiré des anciennes pratiques parlementaires. Divisés en plusieurs sections (Const. de l'an III, art. 220), ils décidèrent, par leurs règlements intérieurs, que les causes d'appel seraient jugées par deux sections réunies ; et la régularité de cette combinaison fut admise par le tribunal de cassation[1]. On ne peut méconnaître la gravité des raisons qui en avaient déterminé l'adoption.

Lorsque la loi du 27 ventôse an VIII eut établi les tribunaux d'ap- pel, qui ne devaient pas tarder à recevoir le nom de Cours (Sénatus- consulte du 28 flor. an XII, art. 136), ces hautes juridictions, héri- tières des attributions judiciaires des anciens Parlements, et que souvent, encore aujourd'hui, on décore comme eux du titre de Cours sou- veraines, furent naturellement portées à en relever les antiques traditions. Aussi, bien que la loi du 27 ventôse an VIII gardât le silence au sujet des audiences solennelles, et ordonnât aux Cours composées de

---

[1] 20 flor. an X, Sir. chr. V. aussi Merlin, *Rép.*, v° *Jugement*, § 1, n° v, p. 716 de l'éd. de 1827.

plus de dix-neuf juges de se diviser en sections (art. 23), elles ne
tardèrent pas, par des règlements intérieurs pris en vertu de l'art. 27,
à soumettre au jugement de deux sections réunies les affaires les
plus importantes. Et, comme elle l'avait fait pour les tribunaux de
département, la jurisprudence admit la validité de cette disposition,
lorsqu'elle avait été, comme le voulait l'art. 27, approuvée par le Gouvernement[1]. La pratique nouvelle, conforme à celle des Parlements,
ne présentait pas plus d'inconvénient qu'elle, puisque l'application en
était subordonnée à l'appréciation de la Cour.

Malheureusement, les rédacteurs du décret du 30 mars 1808 eurent
la fâcheuse idée de la réglementer et de l'enfermer dans des règles inflexi-
bles, de manière à ce que les affaires soumises à l'audience solennelle
fussent déterminées avec précision, à l'avance, et que leur dévolution
à cette haute juridiction, qui n'avait été jusque là qu'une question
de fait, de convenance, d'opportunité, devînt une question de droit,
indépendante des circonstances de la cause, soustraite à l'appréciation
souveraine des Cours d'appel, et soumise au contrôle de la Cour de
cassation. Ils obéissaient ainsi à cette tendance générale du régime
impérial, qui portait son gouvernement à tout régler de haut jusque
dans le moindre détail, et à laisser le moins possible à l'initiative des
fonctionnaires ou des corps constitués[2]. Nous avons assez insisté sur
les inconvénients du nouvel état de choses, en ce qui regarde les
contestations relatives à l'état des personnes, pour qu'il soit inutile
d'y revenir.

Le remède est facile : il consiste à abroger la disposition qui les
concerne dans l'art. 22 du décret de 1808. Qu'on conserve, si l'on
veut, l'audience solennelle dans les prises à partie et les renvois après
cassation, où elle ne présente guère d'inconvénients, et peut se justifier par des raisons palpables, mais qu'on débarrasse de cette complication superflue les procès sur l'état des personnes. On est déjà
entré dans cette voie pour les séparations de corps et les divorces : la

---

[1] Cass., 18 brum. an XI, Sir. chr., Merlin, *Questions de Droit*, v° *Section des
Tribunaux*, § 1, n° 1.

[2] On trouvera de curieux témoignages de cette tendance dans Taine, *Origines de
la France contemporaine, Le Régime moderne*. V. surtout les chapitres sur *l'École*.
(*Revue des Deux-Mondes* des 15 mai et 15 juin 1892.)

logique veut qu'on aille jusqu'au bout. Personne ne croira qu'un procès en nullité de mariage ou en contestation d'état, présente plus de difficulté ou d'importance, et demande plus de garanties qu'une instance en divorce. Il faut les soumettre à la même juridiction.

Réforme modeste assurément, mais utile, et facile à opérer. Il ne sera pas nécessaire, en effet, pour y parvenir, de mettre en mouvement la lourde et lente machine législative. Le règlement de 1808 est un décret : ce qu'un décret a fait, un autre peut le défaire. C'est par une ordonnance (16 mai 1835) et par un décret (30 av. 1885) que les séparations de corps et les divorces ont été éliminés de l'audience solennelle. Quelques personnes ont contesté, il est vrai, la légalité de l'ordonnance du 16 mai 1835, alléguant que l'art. 22 du décret du 30 mars 1808 est en réalité une de ces dispositions législatives, si nombreuses dans les décrets du premier Empire[1]. Mais cette opinion, condamnée par la Cour de cassation[2], est aujourd'hui abandonnée. Il est reconnu que le décret de 1808, dans cette partie comme daus les autres, n'est qu'un règlement d'administration publique, annoncé par l'art. 1042, Cod. proc. civ., et qu'un nouveau règlement peut modifier ou abroger. Aussi, lorsque le décret du 30 av. 1885 intervint pour faire cesser le dissentiment qui existait entre la Cour de cassation et plusieurs Cours d'appel, en attribuant à l'audience ordinaire les appels en matière de divorce, aucune voix, croyons-nous, ne s'éleva pour en dénier l'efficacité.

Depuis lors, rien d'essentiel n'a changé dans la situation. La décision du décret du 30 avril 1885 a passé dans l'art. 248 du Cod. civ., en vertu de la loi du 18 avril 1886. Le législateur, réglant la procédure du divorce d'une manière complète, a jugé nécessaire de s'expliquer sur le jugement de l'appel. Pour ce cas donc, la question des attributions de l'audience solennelle a passé du domaine réglementaire dans le domaine législatif. Mais, pour les autres questions d'état, elle reste ce qu'elle était auparavant.

---

[1] Rodière, *Revue de Législ.*, t. III, p. 231 ; Billequin, *J. des Avoués*, t. XLVIII, p. 318 ; Chauveau sur Carré, t. VI, q. 2979, et *suppl.*. p. 813.

[2] Cass., 11 janv. 1837, Sir., 37, 1, 640 ; 26 mars 1838, Sir., 38, 1, 545 ; 19 juill. 1852, Sir., 52, 1, 812. — Duvergier, *Collection des Lois*, t. XXXV, p. 112, n° 1.

La loi du 30 août 1883 appelle une observation analogue. Elle a réglé par voie législative la composition de l'audience solennelle, qui, jusque là, avait été déterminée par des décrets et par des ordonnances. Le pouvoir exécutif ne peut plus désormais y toucher. Mais, sauf en ce qui concerne le divorce, la détermination des affaires qui doivent y être portées demeure dans ses attributions. A lui donc d'en exclure les questions d'état, et de mettre ainsi fin aux difficultés qu'en 1808 il a inconsciemment fait naître.